대숲에 부는 바람

시조사랑시인선 28

신계전 시조집

대숲에 부는 바람

열린출판

■ 시인의 말

좌절은 있어도

좌절은 있어도 포기는 없다.
내가 하고 싶은 일, 내가 선택한 길은 내가 마무리하고 내가 책임진다.

늘 혼잣말처럼 되뇌던 말이다. 당연한 일이지만 당연하게만 받아들여지지 않을 수도 있다. 무슨 일, 어떤 일을 할 때는 언제나 깊이 생각하고 또 돌아보고 혼자서 전투하듯 덤벼보고 찔러보고 물러서도 본다.
관객 없는 나만의 무대에서 감동을 강요하기도 하고 냉정한 비평으로 조리돌림당하듯 몰매를 맞기도 한다.
가혹할 정도로 내가 나에게 용광로 주물처럼 담금질하여 제풀에 기절하기도 한다.
나만의 협곡에서 미아가 되고, 나만의 강물에서 떠내려가기를 수차, 대책 없는 나를 방관하다가, 달래다가, 눈이 부어오르도록 눈물로 매질하고, 가슴 미어지도록 심장을 혹사시킨다

그러기를 몇 해였는지 내가 나에게 물어본다. 대답을 회피하는 내게 나는 구름 망토를 걸치고 쫓아간다. 돌팍에 걸려 넘어져도 이젠, 울지 않는다.
좌절은 있어도 포기는 없다.
머나먼 고향의 수평선을 떠올리며

2023년 1월
신계전 識

■ 차례

1부 풀피리

풀피리 ··· 17
죽竹 ··· 18
여수할머니 ··· 19
소래포구 ·· 20
눈동자 ·· 21
얼굴 ··· 22
예술혼 ·· 23
노목 ··· 24
달동네 ·· 25
질경이 ·· 26
담쟁이나팔꽃 ·· 27
사랑 바위 ··· 28
김 한 톳 ·· 29
하늘수박 ·· 30
목련 ··· 31
정토 마실 ··· 32
어머니의 가을길 ···································· 33
녹두꽃 ·· 34

망태버섯 …………………………………… 35

가는귀 ……………………………………… 36

역행 ………………………………………… 37

고추잠자리 ………………………………… 38

어느 주검 ………………………………… 39

읍소泣訴 …………………………………… 40

관곡지 수련 ……………………………… 41

조수 ………………………………………… 42

2부 청안

청안青岸 …………………………………… 45

지팡이 ……………………………………… 46

적벽대전 …………………………………… 47

아우름 ……………………………………… 48

경당종택 …………………………………… 49

어수리 ……………………………………… 50

금잔화 ……………………………………… 51

풍전등화 …………………………………… 52

소경의 꿈 ………………………………… 53

서리태 ……………………………………… 54

상사화 ·· 55
황촉 ·· 56
칩거 ·· 57
볕 들 날 ··· 58
가부좌 ··· 59
송학 ·· 60
밤바다 / Night sea ······························ 61
고구마 빼떼기 / sweet potato extractor. ············· 62
만해 / Manhae the Monk ······················ 63
배려 / Consideration ···························· 64
득음 / Mastering sound ························ 65
청라 / The Blue Ivy ····························· 66
파발마 / Postrider ······························· 67
정화수 / Sacred Morning Water ············· 68
너와 함께 / With you ··························· 69

3부 우보천리

우보천리 ·· 73
어머니 가신 길 ··································· 74

가시광선 … 75
구름 … 76
학도병 … 77
회초리 … 78
찰나 … 79
뜬구름 … 80
잉태 … 81
처마 … 82
냉이 … 83
변죽 … 85
잉걸 … 86
멍 … 87
종묘를 돌아보며 … 88
백세청풍 … 89
종이꽃 … 90
법도량 … 91
향香 … 92
천년송 … 93
천명 … 94
박 … 95
함성 … 96

4부 천명

혜인당慧人堂 ····· 99
무명초 ····· 100
동창회장을 보내고 ····· 101
묵언 ····· 102
오상지국五常之國 ····· 103
염주 ····· 104
고목에 부는 바람 ····· 105
장생 ····· 106
춘궁 ····· 107
해산 ····· 108
사즉생死卽生 ····· 109
자재암自在庵 ····· 110
바보새 ····· 111
발자국 ····· 112
출범 ····· 113
옷깃 ····· 114
길 ····· 115
천묘 ····· 116
마지막 눈빛 ····· 117

일두 …………………………………… 118
백신 …………………………………… 119
양구팔경 ……………………………… 120
우산나물 ……………………………… 121
산수유 ………………………………… 122
압화 …………………………………… 123
석간수 ………………………………… 124
눈 내리는 언덕 ……………………… 125

5부 지평선

지평선 ………………………………… 129
내 작은 뜨락 ………………………… 130
주목 …………………………………… 131
참깨 …………………………………… 132
댓돌 …………………………………… 133
낙화암 ………………………………… 134
으아리꽃 ……………………………… 135
바느질 ………………………………… 136
벽파 …………………………………… 137

봄길 ･･････････････････････ 138
자성 ･･････････････････････ 139
어느 병동 ･･････････････････ 140
설원의 새순 ････････････････ 141
고향 파도 ･･････････････････ 142
소리 ･･････････････････････ 143
향토길 ････････････････････ 144
외조모님 기일에 ･････････････ 145
백토성 ････････････････････ 146
발원 ･･････････････････････ 147
금강산 가는 옛길 ････････････ 148
가칠봉 ････････････････････ 149
고로쇠 ････････････････････ 150
한반도 폭포 ････････････････ 151
그 소녀 ････････････････････ 152
범종 ･･････････････････････ 153
비무장지대의 겨울 ･･･････････ 154
활공滑空 ･･･････････････････ 155
열루熱淚 ･･･････････････････ 156
하늘숨 ････････････････････ 157

평설: 정형의 틀에서 완성한 절제미와 균제미 · 159

1부 풀피리

풀피리

옛고향 사립문을 기억으로 돌아드니
동구 밖 어린 시절 노을 속에 묻혀있고
어머님 광목 버선만 설운 나를 반기네.

죽竹

대숲에 부는 바람
차갑고 매서워도

당당한 기개 속에
넘쳐나는 여유로움

겸허로
가득 채운 속
비움으로 족하네.

여수할머니

한 맺힌 속울음을 수평선에 띄워놓고
무심한 파도 능선 눈동자에 깍지 끼어
언제쯤 돌아오려나 바다로 간 아들은.

소래포구

허공에 던진 나를 이명으로 끌어안아
해 질 녘 노을 속에 숨어 있는 그리움은
별처럼 반짝이누나 은빛 물결 항적으로.

눈동자
-동생을 보내고

언제나 가슴 한 켠 응어리로 멍울졌다
어눌한 말투 속에 감겨오던 깊은 속정
빗속에 손짓하누나 못다 한 말 남았다며.

얼굴

고희를 넘겼어도 나는 나를 알 수 없다
숲속의 바람에게 염치없이 물어본다
하늘이 거울을 준다 내시경을 하라고.

예술혼
거제자연예술랜드

돌마다 나무마다 혼이 살아 숨을 쉬네
물이끼 강이 되어 세월목을 넘나들고
바람도 산천을 돌아 가슴골에 머무네.

노목
-천연기념물 제315호 회화나무

기나긴 세월 속에 하늘을 떠받치네
오백 년 나이테는 말 없어도 말을 하네
바람도 뜻을 받들어 정성으로 받잡네.

달동네

가난이 진을 치던 힘겨웠던 고갯마루
눈물도 서로 닦아 함께 울고 다독였지
캄캄한 그믐밤에도 뜨거웁게 달이 떴네.

질경이

밟으면 밟을수록 살아나는 힘찬 모습
고통도 인내로서 겸허하게 받아들여
죽어도 다시 살아서 질긴 꿈을 펼치리.

담쟁이나팔꽃

고통의 켜를 쌓은 해바라기 몸부림에
소망을 껴입은 채 어둠 속에 빛나는 너
바램은 끈기로 익어 담을 딛고 오르네.

사랑 바위

수평선 바라보며 다짐하던 그 옛날이
파도에 휩쓸려서 흔적조차 희미해도
그리움
높새로 살아
바위 끝에 앉았네.

김 한 톳

백수의 어르신이 정성으로 주신 선물
주름진 얼굴에는 고된 삶이 누웠어도
세월을 짓이긴 가슴 김발처럼 반듯하네

하늘수박

감나무 배나무가 어우러진 시골 큰댁
수줍게 얼굴 내민 꽈리 닮은 애기수박
키 작고 몸도 작지만 하늘 찌른 맛이었지.

목련

언제나 너와 내가 이렇듯이 마주볼까
이 봄이 훌쩍 지나 소슬바람 불어오면
가슴 속 주고받았던 이야길랑 어쩌랴.

정토 마실

부처는 어느 곳에 자리하고 계시는가
마음의 눈을 뜨고 제아무리 찾아봐도
바람은
정토를 이고
구름 속을 헤맨다.

어머니의 가을길

초가을 바람처럼 홀연히 떠나더니
쓸쓸한 가을길에 뭉게구름 벗을 삼아
못 잊은 세상만사를 바람결에 이고 오네.

녹두꽃

풀포기 하나 없는 비탈진 벼랑길로
가쁜 숨 몰아쉬며 달려오는 눈빛 하나
억장을
되짚고 온다
바람 속의 어머니.

망태버섯

그늘진 숲속에서 죄인처럼 포박되어
고개를 숙인 채로 하염없이 떨고 있네
무슨 죄 크게 지었나 이실직고 하렷다.

가는귀

봄바람 꽃샘추위 떨면서 맞이하네
아련한 젊은 날은 설렘마저 떠나가고
세월도
가는귀처럼
무디게만 오너라.

역행
-코로나

눈 뜨고 볼 수 없는 뚜렷한 실체 앞에
순리를 거스른 채 거꾸로만 가는 일상
멈춰도 멈출 수 없는 간절함만 달린다.

고추잠자리

하늘이 내려앉아 드넓어진 가을 문턱
바람도 구름 타고 어디론가 떠나가네
푸르던 지난 세월은 노을길이 되었네.

어느 주검

양심을 저버리고 무엇으로 살아가리
오로지 처량하게 탐욕으로 눈 가리네
살아도 끊어진 목숨 산 주검이 되었네.

읍소泣訴
  -금성대군 신단 앞에서

유난히 맑은 하늘 경건하게 드리우고
무릎을 꿇어 괴인 가슴 아픈 적송 아래
왕조는 신이 되었나 말이 없는 단소여.

관곡지 수련

매혹의 몸짓으로 전율하는 너의 얼굴
눈 뜨고 다가섰다 마음 뜬 채 빠져버린
천상은
발아래 누워
꽃대궁을 펼친다.

조수

눈 감아 눈을 뜨고 눈 뜬 채 눈 감고서
지난 일 되짚으며 돌아드는 깊은 물살
여울진
삶의 물결이
파장으로 퍼지네.

2부 청안

청안 靑岸

어디서 불어오는 깊고 맑은 바람일까
스치는 인연 따라 가슴 열고 발을 딛네
드높게 품은 비전이 초지일관 빛난다.

지팡이

하늘이 무너지고 땅덩이가 솟구쳐도
마음을 괴어주는 마음 하나 있다면야
세상은 절망을 넘어 빛을 안고 눈 뜨리.

적벽대전
　-풍향

승리를 아는 자는 패배도 알고 있다
제 꾀에 제가 넘고 계략으로 망하나니
바람도 혼을 실었네 옳은 길을 찾아서.

아우름

한마디 말로 받은 마음의 큰 상처는
한 줄의 글로 써도 지우지 못하지만
포용은 모두를 담은 깊고 넓은 그릇이네.

경당종택

해맑은 들녘에서 불어오는 바람처럼
정갈한 매무새로 다가오는 고운 숨결
가마솥 둘레 소찬이 마음 불을 지피네

어수리

눈여겨 보는 이도 없을 듯한 도량에서
너른 잎 세워 펼친 맑고 고운 너의 자태
바람도
깊이 엎드려
미동조차 없어라.

금잔화

눈물로 얼룩졌지 고웁던 네 얼굴이
꽃잎은 넋을 잃고 바람 속에 서 있었지
해맑은 금빛 햇살이 함초롬히 웃는다.

풍전등화

꺼지면 다시 못 볼 민족정기 등촉 아래
바람이 불어온다 분기탱천 혼을 켜고
일어나
함께 밝혀라
끄지 못할 가슴으로.

소경의 꿈

눈 뜨면 앞이 캄캄 눈 감으면 살아오는
달나라 전설같이 가파르던 삶의 계곡
눈 감고 볼 수 있는 건 마음샘이 전부였네.

서리태

손바닥 발바닥이 흙빛으로 물들어도
새끼콩 몸짓처럼 웃음 짓던 외조모님
오늘은
어느 고랑에
지친 마음 뉘었을까.

상사화

꽃 피면 잎이 지고 잎이 피면 꽃 진다네
그리움 익어가는 서러움의 꽃대궁은
보면서 볼 수 없는 것 그런 사랑 여문다오.

황촉

바람이 기를 펴는 고요한 하늘 아래
겸허히 멍석 깔고 오체투지 엎드려도
시공은
미동도 없이
냉가슴만 타는구나.

칩거

세상을 잘못 만나 외곬 춘향 목칼 쓰듯
육신이 얽매이고 운신마저 힘들어도
마음은 능선을 타고 자유로이 떠도네.

볕 들 날

어둡고 막막하고 괴롭고도 힘들어도
한 줄기 밝은 빛이 언젠가는 찾아오리
손꼽아 기다리는 맘 쥐구멍은 알려나

가부좌

하늘이 높다 한들 마음 안에 내려앉고
바다가 깊다 한들 가슴 속에 품었으니
크나큰
세상만사가
내 안에서 눈뜨네.

송학
-박근혜 대통령

죄 없는 죄를 쓴 채 죄인으로 살아왔네
시퍼런 목칼 씌워 갖은 고통 주었어도
세상은
알고 있었네
맑고 맑은 하늘을.

밤바다

거치른 파도 뉘어 고요해진 수평선은
초롱한 별빛 받아 등대 불빛 더욱 밝고
드높은 가슴 너울은 방파제를 치누나

Night sea

Rough waves lie down to the horizon calm

Lighthouse taken limpid starlight is more flashing

A lofty heart swell is hitting the breakwater

번역: 문용주

고구마 빼떼기

봄 햇살 따가운데 군것질이 마뜩잖아
쪽마루 널려있던 자지레한 간식거리
한 움큼 배 채우던 일 춘궁으로 살아오네

sweet potato extractor.

It's warm in the spring, You don't have to eat junk
a small snack bar on a small floor
I've been so full, I've been living with hunger in the spring.

번역: 이상진

만해

역사의 굴레 속에 산화하신 귀한 목숨
강인한 민족정신 우러르고 받들어서
가신 임 침묵을 깨고 터를 다져 오소서

Manhae the Monk

In the yoke of history

Revived the valuable life it is

Take up, honor the strong spirit of race,

Foregone thee, break the silence

Harden the ground, make your way back

번역: 나용준

배려

지팡이 짚은 사람 그 앞에서 뛰지 말고
시력을 잃은 사람 그 뒤에서 가만가만
팔다리 눈이 되어서 함께 가면 좋으리

Consideration

Don't run in front of a man
who depends on his cane,
don't leave a man behind
who has lost his sight,
how wonderful it is
going together with bright eyes, strong arms and legs!

번역: 나용준

득음

반듯한 너럭바위 정갈하게 자리하고
산천을 휘돌아서 솟아 나온 터울림을
그 깊은 사투의 잠행 하늘 땅은 알 거나.

Mastering sound

A descent flat boulder located neat and clean
Coming round mountain and valley spout site echo
How the sky and the earth know such a stealth of
deep desperate struggle

번역: 문용주

청라

떠난다 기별 없이 다시 온단 기약 없이
푸른 꿈 부푼 가슴 허공중에 날린 세월
이제사 언덕에 올라
소리쳐도 대답 없네.

The Blue Ivy

Leave with no words,

Be gone, with no promise of return

Azure dream, promising mind,

All those years have been left in the air,

Crying out on the hill, with no words heard.

번역: 나용준

파발마

굴뚝에 걸터앉은 비수 같은 눈썹달이
흘러간 삶의 행간 별빛으로 꿰어봐도
구름은 세월을 업고 손사래로 달리네.

Postrider

Though eyebrow moon like dagger perching on chimney

skewers space between the lines of life flew away with starlight,

clouds carrying on time gallop waving her hands

번역: 문용주

정화수

가슴을 옥죄이고 몸과 마음 다 바쳐서
차디찬 소망 터에 혼을 던진 어머님이
간절한 바람이 되어 뜨거웁게 앉았네.

Sacred Morning Water

    Felt suffocated,

    Devoted herself with true heart,

    Mother had thrown her soul into an icy-cold sacred site,

    soon turned into an earnest desire, perched fervently.

번역: 나용준

너와 함께

가냘픈 너의 손발 초롱초롱 너의 눈빛
태양의 열기보다 더 뜨거운 가슴으로
이제는 너희들 곁에 우리 모두 함께하네.

With you

To your thin hand and foot with
shining look of bright
Back on more passionate heart than fever of sun
Now we all be together by your side

번역: 문용주

3부 우보천리

우보천리

순하고 낮은 자세 부지런한 걸음으로
꾸준히 거침없이 오직 외길 논밭갈이
천릿길 아득한 골을 넉넉하게 품는다.

어머니 가신 길

뜨락은 고요하고 하늘 땅 말이 없다
눈물로 뒤따르는 머나먼 꽃길에는
무너진 억장 한 다발 지천으로 피었다.

가시광선

멀리서 가까이서 보이면서 볼 수 없네
해와 달 별빛마저 눈부시게 빛나건만
사람은 사람의 빛을 어찌하여 볼 수 없나.

구릉

죽은 듯 엎드려서 없는 듯 숨을 쉬네
섬뜩한 천둥 번개 사정없이 내리치네
와불도 눈을 감은 채 흔들림이 없다네.

학도병

민족애 불타오른 뜨거운 가슴 가슴
나라를 끌어안고 숭고하게 흘린 피를
이제사 고개 숙인 채 임의 길에 눈물짓네.

회초리
어느 지휘자의 절규

우리가 우리 것을 외면 말고 사랑하라
겨레의 혼이 되어 울부짖는 채찍인가
허공에 울려 퍼지네 가슴 아픈 메아리.

찰나

마음이 무거우면 육신도 힘에 부쳐
이슬이 가볍다고 영롱함을 떨쳐낼까
무겁고 가벼운 것도 순간이면 족하네.

뜬구름

정상에 올라 봐도 보이는 게 없는 것을
눈으로 마음으로 가까스로 찾아보네
하늘도 땅에도 없네, 마음 가득 채울 일.

잉태

마음이 길을 트고 넘나든 행간에는
자유의 소통으로 하나되는 너와 내가
우주를
품어 안은 채
별이 되어 눈 뜨리.

처마

조모님 한숨 소리 이끼로 덮은 마당
통나무 결을 따라 홈을 파고 누운 바람
부릅뜬 서까래 호령 조부님이 눈 뜬다.

냉이

겨우내 엉키었던 얼음 흙을 털어내니
죽은 듯 살아있는 앙증맞은 모습으로
세상을 파르르 털며 짙은 향내 뿌린다.

명륜당

하늘의 상서로운
새벽 기운 받아 지닌

동국현 문무선비
이 자리에 모셨으니

깊은 뜻 아로새겼네
명경처럼 지닌 얼.

변죽

답답한 이 세상을 노래로써 풀어가네
가황도 테스님도 이승 저승 몰아치네
빗장은 끄덕 않는데 문고리만 요란하네.

잉걸

차디찬 세상 속에 얼어붙은 마음 열어
고맙고 뜨거웁게 불을 지핀 그 온정을
영혼이 다할 때까지 고이 지녀 간직하리.

멍

아무런 생각 없이 마음을 비우자고
마음이 마음에게 마음잡고 얘기해도
잡념에 가득 찬 생각 털어내지 못하네.

종묘를 돌아보며

경건한 마음으로 고개 숙여 들어서네
국운의 흥망성쇠 사열하듯 모셔졌네
얼룩진 역사의 하늘 그 언제쯤 맑아올까.

백세청풍
   -일두고택에서

엎드린 박석처럼 투박한 걸음으로
배려의 굴뚝처럼 겸손으로 다가오네
쓸쓸한 그 발자국에 맑은 바람 불어오네.

종이꽃
  -외손녀의 생일선물

세균들 전쟁 속을 용감히 꿰뚫고서
꿋꿋한 모습으로 달려온 사랑부대
말없이 예쁜 종이꽃 손녀처럼 웃는다.

법도량

마음을 가다듬고 대웅전에 들어선다
감은 듯 눈을 뜨니 내 안에서 소리친다
마음은
어디에 두고
몸뚱이만 왔느냐.

향香

영롱한 봄빛 속에 선후배 함께하니
포근한 자애로움 가슴마다 가득하고
시야를 메운 사랑은 아지랑이 시샘하네

참사랑 존중 배려 화합으로 결속하고
언제나 변함없는 믿음으로 함께하면
내일을 다지는 화방花房 인향人香으로 가득하리.

천년송

촉수도 없는 밤을 은하로 불 밝히며
하늘도 땅도 저린 바위에 뿌리내려
한 조각
세월 속에서
정을 품은 해조음.

물빛에 젖은 바람 창공을 넘나들고
송진에 굳은 가슴 옥을 닦는 아픈 나날
천수를
누리고 섰네
솔잎 화관 태평무.

천명
-비익조

눈 한쪽 날개 하나 그래도 괜찮아요
그대가 내 눈 되고 내가 그대 날개되어
세상을 날 수 있다면 어디든지 함께하리.

비바람 눈보라가 제아무리 몰아쳐도
내게는 그대 있고 그대에게 내가 있어
하늘이 맺어준 숙명 영원토록 함께하리.

박

비구름 몰려오는 폭풍 속을 견뎌가며
고통의 눈물 꽃을 사랑으로 간직한 채
끈질긴 한 가닥 소망 줄기차게 보듬었다.

천지가 요동쳐도 끄덕 않고 합장하듯
아슬한 줄기 끝에 품어 앉은 고요함은
애틋한 소원등처럼 하늘 향해 빌고 있다.

함성
-백마고지

참담한 포탄 자국 선명한 철의 지대
쓰러진 아군 적군 피무덤이 되었어도
백마는 넓은 들녘을 고이 베고 누워있네.

한없이 내린 눈이 세월에 켜를 쌓아
죽어도 잊지 못할 드높은 절규 속에
이 땅은 하늘 치누나 닿지 못할 함성으로.

4부 천명

혜인당 慧人堂

지혜를 모아가는 샘솟는 맑은 기운
드넓은 가슴으로 보듬고 받들어서
참다운 어른의 길을 덕성으로 펼치리.

우리는 이 나라의 높고 깊은 기둥으로
모두 다 아우르고 다독이며 끌어안아
따뜻한 햇볕이 되어 온 누리를 비추리.

무명초

하늘이 웃어주고 바람도 안아주네
어여쁜 맵시처럼 마음으로 오는 선율
그 이름 알지 못해도 가슴속에 새긴다.

구름도 쓰다듬고 달도 별도 아우른다
빼어난 그 자태로 다소곳이 고개 숙여
이름이 없다고 한들 향기마저 없을까.

동창회장을 보내고

언제나 말이 없이 듬직하던 벗이었네
희끗한 머릿결에 부드러운 마음결은
모두를 품어 안은 채 넉넉하게 이끌었네.

너와 나 할 것 없이 언젠가는 가야 할 길
앞서고 뒤서거니 거리두기 그뿐이네
남은 날 서로 다독여 우정으로 채우리.

묵언
　-백운당 우탁

담수에 배 띄우듯 흘러온 임의 향기
사인암 구곡절경 버금가는 임의 충절
어질고 깊은 도량은 가늠할 길 없어라.

옳은 말 바른 소리 선비의 표상이라
목숨을 내던지는 올곧은 지부상소
꼿꼿한 그 당당함은 역사 속에 서려 있네.

오상지국 五常之國

드넓은 마음으로 바라보라 흥인지문
불의를 배척하는 바른 도리 돈의문에
겸손에 예의를 갖춰 배례하는 숭례문.

지혜를 고루 닦아 사려 깊은 홍지문을
도탑고 밝은 믿음 터를 잡은 보신각이
이 나라 대한민국을 뚜렷하게 울리네.

염주

업장을 끌어안은 무한의 숨바꼭질
영혼의 삶을 꿰어 천공으로 간직하고
세상은 풀무질해도 법구 도량 정연하다.

미세한 먼지 속에 두터운 업의 무게
번뇌의 서원 끝에 자리잡은 불심자락
간절한 바람의 불길 끄지 못할 탐진치다.

고목에 부는 바람

바람이 불어온다 새로운 용솟음이
죽을 듯 살아나는 인내의 뿌리마다
솟아난 땅 밑의 기운 하늘 향해 물오른다.

자는 듯 눈감았던 우리들 가슴에도
눈 뜨는 새싹처럼 일어서는 힘찬 내일
움트는 소망의 씨방 봄을 이고 달린다.

장생

해와 달 밝게 떠서 깊은 산 비추이고
대나무 소나무도 구름관을 쓰고 서서
세상이 고즈넉함을 물소리로 전하네

거북의 눈동자에 돌처럼 굳은 의지
사슴 목 학 날개에 뿌리 내린 영지버섯
하찮은 이름마저도 목숨 걸고 키운다.

춘궁

강냉이 보리죽도 그것이 어디던가
지난날 서러웁게 사무치던 바웃골은
뼈저린 아지랑이로 봄을 이고 서 있네.

길고도 저린 고개 끼니조차 힘들었네
밀가루 소금 간에 속 빈 전병 부쳤었지
버거운 가난 속에서 투정마저 사치였네.

해산

간밤에 꼬마어항 순식간에 식솔대란
어미는 숭고하게 산고 끝에 눈을 감고
눈탱이 눈만 보여도 모성애는 거룩하네.

힘겨운 해산으로 세상 떠난 어미 곁에
맥없이 돌아드는 수중 속의 철부지들
그 은혜 알 거나 몰라 사랑으로 품은 종말.

사즉생 死卽生

언제나 옳은 일에 세상은 손뼉 친다
마음을 벗어던져 세상을 바라보라
의리는 눈을 감아도 살아있는 목숨이다.

한마음 다 바쳐서 옳은 일 앞장서자
한목숨 다하도록 그 마음 변치 말자
한세상 끝날 때까지 죽어서도 살리라.

자재암 自在庵

부처를 찾으려고 부처들이 줄을 선다
깊은 산 계곡마다 번득이는 절경 속에
부처는 꼭꼭 숨었네 깨달음을 등에 업고.

부처는 중생 안에 고스란히 누웠네만
부처를 끌어안고 부처를 흠모하네
높은 산 깊이 오르면 내 안에서 나를 맞네.

바보새
  -알바트로스

굴욕을 이겨내고 고통도 견디었네
하늘이 내려주신 축복의 바람 타고
좌절은 멀리 가거라 거침없는 날개로.

인내의 몸짓으로 이상을 갈구하며
비난도 툭툭 털고 드넓은 창공으로
비상은 자유를 달고 높이높이 오르네.

열악한 세상살이 속절없이 내던지고
때로는 바보처럼 멍청하게 살아볼까
가슴은 시름을 안고 폭풍 속을 달린다.

발자국

지나온 자취마다 못다 한 아쉬움에
가슴의 미진함만 눈처럼 쌓여가고
아무리 돌아보아도 부끄러움 뿐이네.

푹 패인 주름에도 떳떳이 고개 들고
먼 훗날 나와 내가 그렇게 마주하면
뜨거운 소매깃으로 지난날을 맞을까.

남새밭 둔덕길은 다듬고 매만져도
걸어온 발자국은 지울 길 아득하여
하늘가 먼바다 위에 구름 파도 띄운다.

출범

하늘도 맑게 웃는 푸른 언덕 함께 올라
바람도 바닷물도 화합하며 출렁이니
깊어서 더욱 높아진 글언덕을 이루리.

온유한 마음 지닌 넓은 가슴 모인 터전
세상의 모든 만물 돌부리도 고개 숙여
만사에 거칠 것 없는 순풍으로 돛을 달자.

너와 나 이렇듯이 마음 모아 함께하고
서로가 다독여서 우리 되어 걸어가면
천지는 상서로운 빛 밝은 터전 이루리.

옷깃

수평선 바라보며 마음을 다그쳤지
생각을 떨치려고 무던히 애를 써도
밀물로 다가온 인연 막을 길이 없어라.

꿈결에 떠밀려서 놓쳐버린 순간들이
밤마다 가슴속을 애틋하게 적셔와도
떠나간 그대 발자국 돌아올 길 없어라.

거미줄 엉킨 사연 하고많은 이 세상에
길고도 짧은 것이 인연이라 하였지만
억겁을 돌고 돌아도 잊을 길이 없어라.

길

길 속에 마음 있고 마음속에 길이 있네
참되고 맑은 세상 구가하는 바른 마음
언제나 흔들림 없이 오직 외길 가리라.

도리가 아니거든 지체 없이 돌아서고
길 아닌 길이라면 미련 없이 뿌리쳐야
세상에 빛이 되는 길 주저 없이 나서리.

문 닫고 입 막아도 마음길은 못 막는다
하늘이 눈을 감고 바다가 잠잠해도
움트는 정의의 빛살 어둠 딛고 비추리.

천묘
 -문충 정몽주

외줄기 곧은 절개 선죽의 핏물되어
꺾어도 꺾이지 않는 비장으로 눈 감으니
높새도 목놓아 울어 임의 혼을 달래네.

바람끗 휘어잡은 충절의 회오리는
문수산 정상으로 터를 다져 뫼셨으니
하늘도 핏빛 노을로 고개 숙여 읍하네.

곧고도 굳은 마음 당당히 눈을 뜨고
청사에 길이 빛날 공명으로 서려 있어
말없이 말을 하누나 가슴 덮은 명정으로.

마지막 눈빛
   -황소눈

무심한 바람 끝을 부여잡고 애원하며
힘없이 끌려가던 너의 눈을 마주했네
운명을 알아차렸나 절규하던 그 눈빛.

처절한 목숨줄을 사정없이 끌어당겨
눈 뜨고 외면하던 비정한 가슴 칼날
저승길 마다할 줄을 짐승인들 모를까.

겁 없는 사람 앞에 겁을 먹은 너의 눈빛
부릅뜬 힘줄 속에 튕겨나온 눈화살이
여태껏 가슴에 꽂혀 굵은 눈물 흘리네.

일두
 -남계서원을 다녀와서

청명한 하늘 이고 반겨주는 솔숲 아래
마음을 가다듬고 경건하게 들어서니
거치른 환란 속에도 꿈틀대는 기상이다.

풍영루 올라서니 천왕봉이 마주하고
명성당 팔작지붕 날아갈 듯 서린 기개
봉수루 품에 안기어 고개 숙여 눈 뜬다.

구름은 멈추었고 바람도 숨이 멎어
말 없는 몸짓으로 터를 다진 노송처럼
가슴에 자맥질하는 주체못할 상징이다.

백신
-청풍명월

한 방울 이슬처럼 투명한 마음으로
한줄기 깊은 뜻이 만물을 비추이듯
혼탁한 이 세상에도 맑은 바람 불어라.

마음의 거름체로 불순물 걸러내고
사람의 도리로서 사람을 지켜가면
하늘도 더 밝은 달빛 온 세상을 비추리.

보아도 뵈지 않고 만져도 잡지 못해
혼신을 다 바쳐서 세균을 물리치듯
단단한 마음 하나로 맑고 밝게 살고저.

양구팔경

두타연 맑은 폭포 구름 따라 흘러가고
어머니 품속처럼 아늑한 펀치볼은
사명산 바라보면서 한가로이 노닌다.

고요히 들려오는 광치계곡 물소리에
절경을 노래하는 파서탕 기암괴석
파로호 푸른 물결은 역사 속에 흐르네.

지장수 깊은 샘물 솟아나는 후곡약수
새들도 나무들도 노래하는 수목원은
솔바람 숲길을 따라 하늘길을 틔우네.

우산나물

바람도 숨을 멎고 솜털구름 길을 여는
푸르고 맑은 하늘 인적없는 계곡에서
왼종일 말없이 서서 고개 숙인 새악씨다.

면사포 일곱 갈래 열네 폭의 쓰개치마
다소곳 접어 펼친 함초롬한 너의 자태
팔등신 미인을 닮아 곱고도 어여쁘다.

사람도 뻔뻔하면 제 허물은 덮어둔 채
남의 탓 남의 밑둥 사정없이 들추거늘
지은 죄 없을 터인데 고개 숙여 사죄하네.

산수유

청록의 빛깔에서 단풍길을 틔우도록
숲속의 속삭임은 전율처럼 퍼져가고
눈부신 삼라만상이 피워올린 영롱함.

운무가 산을 덮고 물안개가 내를 덮어
아득한 천지 속에 서려 있는 또렷함은
작아도 알찬 매무새 더욱 붉어 예쁘다.

열정도 인내로서 참아내던 힘든 나날
그 누가 알아줄까 고통 속에 영근 소망
땅 딛고 하늘 우러러 터져나온 외침이다.

압화

산새들 지저귐이 낯설게 들려오고
돌아볼 틈새 없이 걸어왔던 지난날이
돌처럼 굳혀진 숨결 천형으로 눈 뜨네.

가슴에 손을 얹고 가만히 생각하니
하늘이 내려주신 크고 작은 삶의 무게
온전히 받아 지녀야 후회 없는 길이 되리.

 세상이 제아무리 엉키고 뒤틀려도
올바른 심성으로 꿈의 맥박 짚어가면
인내는 꽃으로 피어 노을처럼 고울까.

석간수

고요한 산세 속에 어우러진 숲속에서
발걸음 묶어두는 나지막한 속삭임이
가없는 시름이 되어 밀려오는 지난날.

무심한 세월 안고 애틋하던 그리움은
숨 멎은 꿈결 따라 여울지는 이슬처럼
아련한 마음 토닥여 출렁이는 물이랑.

귀 열고 마음 열어 속절없이 기다려도
저만치 애태우던 그 임 닮은 물방울은
가파른 폭포로 일어 무딘 가슴 덮치네.

눈 내리는 언덕

사뿐히 펼쳐놓은 꿈길 같은 언덕처럼
여울진 마음속을 눈감은 채 걸어가면
야속한 세월 바람은 별빛처럼 눈 부시다.

지금도 구름 속에 턱을 괴고 서성이는
푸르던 나의 꿈은 설렘으로 출렁이며
소망이 불을 지피는 피안으로 달려간다,

흩어진 파편처럼 나뒹구는 꿈의 조각
땅거미 소리 없이 하루해를 낚아채고
바램은 명치에 걸려 흰 눈처럼 쌓인다.

5부 지평선

지평선

물소리 바람 소리 새소리가 어우러진
꼬부랑 길을 따라 발 돋우는 언덕 아래
덧없는 세월 달래는 뭉게구름 한 조각.

달빛도 별빛 따라 반짝이는 숲속에서
어여쁜 풀꽃들이 서로 반겨 피는 마을
남몰래 피었다 지는 한 송이의 야생화.

가던 길 멈추고서 오던 길을 돌아보니
어제가 오늘처럼 마주하며 달려오고
아무도 보이지 않네 홀로 섰는 그 길에.

내 작은 뜨락

망울눈 조롱조롱 사랑스런 고추숲길
포근한 잎 나래로 길을 덮은 파프리카
늘어진 잎 속에 숨어 몸 키우는 단호박.

하늘을 흠모하는 장대 끝의 강낭콩을
청보라 나팔꽃이 몸을 꼬아 유혹하네
알뜰한 땅물이 올라 토마토도 튼실해.

탐욕에 허기진 배 채울 길이 막막하고
원망에 가득한 맘 비울 길이 아득하네
흡족한 한 줌 풍요는 거름으로 족하네.

주목

살아서 천년이고 죽어서도 천년이라
죽어도 살아있고 살아서도 늘 푸르네
저승도 이승도 안아 이천 년을 지녔네.

백 년을 살다 가고 천만년을 살다 간들
참다운 마음 앞에 거울 하나 걸어두고
유리알 붉은 열매의 또렷함만 같아라.

살아도 백 년인데 죽어지면 몇 년 갈까
죽어도 가치 있게 살아서도 보람있게
그렇게 사는 길만이 사람다운 길이네.

참깨

깍정이 불빛 아래 망을 보던 그믐날이
손들고 떠나가던 어둡고도 아쉬운 밤
어머니 날렵한 일생 깨알 속에 묻혔네.

그 작은 깨알들을 이리저리 살펴보며
행여나 방심하면 잡티라도 섞일세라
깨알은 어머니 앞에 맘 졸이며 살았네.

무명천 머릿수건 단정하게 조여 매고
매무새 다듬고서 정화수로 맞던 새해
언제나 그러하듯이 깨알처럼 사셨네.

댓돌

산까치 정겨웁게 노래하는 숲속 마을
언덕길 꽃무지개 헤치면서 달려가면
어스름 동네 어귀를 반딧불이 밝혀주네.

개여울 맑은 물은 변함없이 흘러가고
설레는 꽃망울은 가슴 가득 맺혔는데
품속에 묻었던 말은 강물되어 넘쳐나네.

세월은 바람 따라 구름 속에 나부끼고
처마 밑 구슬프게 조아리는 낙수처럼
보고픈 그리운 얼굴 기다려도 오지 않네.

낙화암

백제의 얼을 찾아 부소산을 돌아보네
부여성 넘나드는 고란사의 종소리에
역사는 길마중하듯 물결처럼 흘러라.

능산리 솔바람이 나성 너머 달려가네
바위를 안아보고 연꽃향을 맡아봐도
쓸쓸함 달랠 길 없어 황포돛대 올리네.

충절이 하늘 찌른 황산벌의 말굽 소리
백마강 대왕포의 깊고 깊은 사비수에
굴욕은 가슴 가슴에 붉은 상처 되었네.

으아리꽃

순하고 아름다움 가득 메운 숲속에서
음양을 두루 품어 고이 앉은 너의 모습
참하고 고운 자태로 꽃궁녀가 되었네.

꿈결의 운해 자락 신비스레 피워올려
구릉에 묻혀 사는 어여쁘고 고운 숨결
계곡 틈 여린 얼굴이 반갑고도 시리네.

스치는 눈길마다 마음 걸린 꽃망울들
지나는 발걸음에 짙은 안개 헤쳐보니
다시금 감돌아들며 애잔하게 눈 뜨네.

바느질

세월의 동아줄에 얽어 엮은 시간 속을
회상의 징검다리 넋을 잃고 건너는데
오색실 추억이 엉켜 그리움만 꿰매네.

손끝에 살아오는 곰삭았던 파편들이
바윗골 언덕 아래 소담스레 피어올라
점박이 야생화되어 깨알처럼 눈 뜨네.

땀땀이 앞다투어 내딛는 걸음마다
가슴에 실을 꿰어 지난날을 홈질해도
올올이 매듭진 사연 바늘 끝은 아는가.

벽파

달빛이 맑고 고운 고요하고 푸른 바다
섬광의 지혜 품어 우뚝 솟은 용마루에
눈 부신 햇살을 받아 새 아침이 밝아오네.

여명의 힘찬 기운 파도 속에 길을 내어
찬란한 헹가래로 소리치는 꽃파도에
맑은 혼 용솟음치는 파도길이 더욱 붉다.

멀고 먼 바위 끝에 청맥으로 넘실대며
천만리 길을 따라 굽이치는 곧은 기상
세자고 당당한 기세 하늘 뚫고 나아가네.

봄길

산길이 봄길되고 봄길마다 꽃길이네
풋풋이 고개 드는 예쁜 얼굴 꽃봉오리
꽃수렁 깊은 대궁이 꿈길처럼 열리네.

스치는 바람결에 봉긋하게 몸을 사린
어여쁜 매무새로 초롱 같은 꽃 무리는
전율이 들녘을 메운 봄 햇살로 따갑네.

숲속의 요정처럼 망울망울 촉을 세워
넋 잃은 발걸음을 무참히도 낚아채고
소망은 봄볕에 익어 함성으로 영그네.

자성

숭례문 불타듯이 노틀담도 무너지네
나라의 문화유산 흔적 없이 사라져도
가슴에 뿌리내려진 애국정신 보존하리.

백성을 위한다고 너도나도 삿대질을
툭하면 좌파우파 헐뜯기에 짓밟기로
당찮은 아우성 속에 제 실속만 챙긴다네.

호랑이 굴에서도 정신만큼 똑바르면
살길을 찾는다는 못이 박힌 생각으로
좌우를 살펴보지만 눈 뜨기가 부끄럽네.

어느 병동

팔 남매 낳아 기른 늙은 노모 눈언저리
여덟 개 올망졸망 사랑스런 꽃바구니
세월이 문지르고 간 주름살만 꽂혔네.

신발도 벗은 채로 병동마다 헤매이며
누구를 찾으려고 헐레벌떡 저리 뛰나
시간을 재촉하는 듯 궂은비만 내리네.

노쇠한 육신마저 가누지도 못한 채로
큰애야 작은애야 순서 찾아 불러봐도
달려온 자식들마다 모진 목숨 탓하네.

설원의 새순

그 누가 나를 깨워 숨 멎고 눈을 뜨니
흰 눈이 산을 덮어 바람마저 잠든 골에
어머니 닮은 백발이 바람으로 서 있네.

저 건너 푸르던 산 흰 눈처럼 사라지고
생기로 가득하던 대쪽 같은 그 열정을
이 밤이 베어 내릴 듯 매서웁게 달린다.

계곡을 휘어감은 깊고 깊은 적막에는
삼팔선 칼바람이 침묵으로 쌓인 숨골
눈뜨는 버들강아지 내공으로 움튼다.

고향 파도

새벽달 운무 딛고 길 떠나온 그리움에
고향길 재촉하는 바람끝에 몸을 싣고
수평선 머나먼 곳에 자맥하는 사념아.

두터운 세월에도 밀려오는 시린 기억
애틋한 마음 안고 구름 따라 접어드니
떠도는 유령이 되어 다가오는 그 옛날.

어제도 오늘에도 꿈틀대는 편린들이
이제는 포말처럼 떠남직도 하다마는
드높은 너울이 되어 이 가슴을 덮치네.

소리

너와 나 고이 지닌 진실이란 마음 하나
차디찬 세상 속에 몸을 사린 강물처럼
흘러도 흐르지 않는 숨어 깃든 마음길.

봄 여름 가을 지나 이 겨울이 가기 전에
내일의 시린 소망 움터오는 젖은 산하
푸르고 깊은 열망은 순풍으로 오려나.

용서의 화합으로 눈물겹게 악수하며
핏발에 엉킨 자국 뜨거웁게 어루만져
이 세상 가슴소리를 가슴 깊이 새겨라.

향토길

꼬부랑 둘레길은 걸음마다 추억이요
잎새의 속삭임은 발길마다 전율이라
고향은 항상 뜨거워 찬바람도 멎었네.

붉은 맘 푸른 시절 인제 와서 돌아보니
파도에 휩싸여서 꽃물되어 밀려오고
어디서 동박새 울음 이 가슴을 메우네.

벗이여 오늘 우리 돌아 나온 이 길처럼
그 옛날 그 마음을 오래도록 간직하여
아련한 꿈길의 향토 천만년을 지니리.

외조모님 기일에

분단장 연지곤지 눈 감은 채 눈을 뜨고
이 세상 미련 없이 합장하고 떠나던 길
뜨거운 가슴 가득히 순사랑을 보듬었지.

떡메로 찰떡 치며 흘러내린 소금땀줄
골 깊은 어둠만이 불을 켜는 남새밭엔
영정을 뛰쳐나온 듯 호미자락 흙모래.

입으로 코를 빨고 가슴으로 날 키웠던
지금도 살아있는 깊디깊은 목젖 사랑
이제사 터득한 오늘 쫓아갈 길 없어라.

백토성

결마다 스며있는 맑고 고운 영롱함은
조선의 얼이 깃든 아름다운 순백의 미
어여쁜 문양 속에서 숨을 쉬는 민족혼.

구름도 바람 타고 어디론가 흘러가고
시리고 시린 혼이 감아 도는 물레 속에
역동은 가락이 되어 더욱 힘찬 시나위.

하늘을 품었는가 달과 별을 보듬었나
눈부신 너의 자태 소리 없는 함성으로
침묵은 기품 지닌 채 흙이 빚은 노래여.

발원

금강산 월출봉에 밝은 달이 둥실 뜨면
비로봉 미륵원불 가슴 태운 애절함이
편편이 묻어온 바람 젖어 뉘어 고요하다.

푸른 꿈 깃을 세워 나부끼는 소망길이
뜨거운 불길되어 염원으로 번지는데
시리고 아린 민족혼 서려 있는 산하여.

너와 나 함께하는 슬기로운 이 강산에
태초의 흙이 되어 조선백자 빚어내면
사랑은 영근 담금질 밝은 서광 비추리.

금강산 가는 옛길

좌청룡 우백호가 팔경으로 뻗어 내린
그중에 제1경의 두타연에 들어서면
큰 가슴 내어 달리는 금강산 길 트였네.

말없이 걸어가는 발걸음에 추를 달아
오늘도 사람들은 기를 모아 마음 열고
언제쯤 멈추지 않을 잰걸음을 꿈꾸리.

멀리서 가까이서 당겨보고 밀어봐도
의연한 그 자태로 변함없는 금강산을
다급한 우리네 가슴 달려가서 덮었네.

가칠봉

자연의 숨결 따라 오고 가는 바람결에
호국의 영령들이 고지마다 잠든 계곡
가슴속 굽이친 역사 묻혀있는 산하여.

지리산 백두산이 구름 속에 누워있듯
돌무덤 흙두뎅이 말이 없는 능선에는
북녘을 응시하는 듯 우뚝 솟은 사령탑.

국토의 정중앙에 휘날리는 태극혼이
솔바람 맑은 물에 핏빛 상처 헹구어도
구름은 넋을 잃은 채 재를 넘지 못하네.

고로쇠

바람이 불고 있네 깊고 맑은 산바람이
춘설에 몸을 떨며 소리 없이 맞는 아침
물오른 가지 끝으로 벅찬 소망 품었네.

나목의 꿈을 딛고 움터오는 설렌 내일
그 누가 마디마디 오랜 바램 꺾어놓아
인내는 시린 눈물을 방울방울 토하네.

바람이 불고 있네 수액으로 씻지 못할
생명의 대지 위에 가슴 찔린 작은 목숨
사람아 사람을 걸고 사람 길을 틔워라.

한반도 폭포

궂은날 저려 오는 마디마디 관절 속에
치욕의 숨은 역사 곰삭은 줄 알았더니
아직도 숨을 고르는 삼팔선의 통분이다.

비바람 몰아치고 눈비 한데 엉켜와도
땅 위에 그은 선이 사선으로 뚜렷하고
물줄기 흐르는 곳엔 철책선도 없었다네.

투명한 물길 속에 얼비치는 맑은 하늘
그 어디 살펴봐도 흔적 없는 철책선은
우리네 가슴 속에만 원한처럼 꽂혀있네.

그 소녀

풀밭에 엎드려서 맑은 하늘 업어보고
바위에 올라앉아 솜털 구름 안아보던
그리움 말없이 익어 바람 속에 숨었네.

눈 감고 더듬어도 찾아가던 고향길이
다정한 친구처럼 다가오는 이명 속에
망막은 추억을 딛고 소리 없이 열리네.

턱밑에 괴인 세월 눈치 없이 날뛰어도
청운의 꿈을 안고 달려가던 그 소녀는
여태껏 하늘 업은 채 날 새는 줄 모르네.

범종

우주에 내가 있고 내가 곧 작은 우주
티끌에 숨어 있는 오묘하고 크나큰 뜻
미진한 마음 하나로 깨달을 수 없어라.

욕심만 자리하던 헛되고 그릇된 길
순간이 영원이며 영원조차 없는 것을
이제사 되돌아보며 가까스로 눈 뜰까.

뚜렷한 일상속에 희미한 내 모습은
나 아닌 내가 되어 낯선 나로 다가오고
가슴은 회오리지며 나를 찾아 헤맨다.

비무장지대의 겨울

피 끓던 젊은 혼이 터 잡은 삼팔선에
눈처럼 매운 한이 벽을 넘어 월북하고
철조망 칼바람 소리 허공 불을 지피네.

혹한의 눈초리에 귀 열고 살펴보니
푸르던 초목마다 절규하는 멍든 땅은
피뢰침 상채기되어 질곡으로 꽂혔네.

말없이 쌓여오는 설원의 통곡 속에
묵묵히 흘러가는 아린 역사 잠든 능선
회오리 가슴 물살도 피울음에 살을 엔다.

활공 滑空
 -故 심정민소령 영전에

하늘을 수호하고 이 땅을 사랑했다
얼마나 참담했나 날 수 없는 비행길을
그 무엇 보이지 않는 마지막을 보았으리.

풀잎도 숨죽인 채 떨고 있는 산하에는
그대가 남기고 간 눈동자만 살아있어
이대로 보낼 수 없다 길을 막고 누웠어라.

숭고한 영혼으로 천상을 날아올라
하늘을 끌어안고 통한의 길을 떠나
우리네 가슴속 깊이 이명으로 추락했네.

열루 熱淚

하늘을 받쳐 이고 산하를 굽어보며
사람의 길을 잃은 안타까운 사람들아
탁 트인 이승 길 둔 채 저승길을 헤매네.

천지가 진동하고 사방이 어두워져
허공에 디딘 마음 다스리지 못한 채로
바르고 옳은 그 길을 어이해서 못 찾나.

하늘숨
-월남 참전기념비 제막에 부쳐

청운의 가슴 안고 머언 길을 내어달린
당당한 태극용사 길이 빛날 무공수훈
임들아 그 숭고한 뜻 고개 숙여 받듭니다.

청룡의 함성 받아 비둘기가 날아치고
치솟던 백마 기상 포효하던 맹호무림
모두가 하나로 뭉쳐 전력투구 하신 길.

소중한 젊음 바쳐 조국 명예 드높이고
고귀한 자유 평화 초석으로 굳혔으니
하늘도 핏발이 서려 숨죽인 채 읍하네.

■ 평설

정형의 틀에서 완성한 절제미와 균제미

김흥열
(한국시조협회 명예이사장)

1. 들어가며

먼저 혜담 선생의 시조집 『대숲에 부는 바람』 상재를 축하드린다. 『시루』에 이어 벌써 두 번째 작품집이다.

혜담 신계전 선생은 자유시로 등단했으나 언제부터인가 시조 작품을 접하고 그 매력에 푹 빠져 시조 창작만 해오신 분으로 알고 있다.

이어령 박사는 "문화란 몸과 마음이 지니고 있는 기호다."라고 말했다. 이 말을 시조라는 말에 붙여보면 "시조는 작가의 몸과 마음이 지니고 있는 기호다."라고 할 수 있겠다. 시조는 전통적으로 외적 형식에 구속되는 정체성을 지니고 있으며 오랜 세월을 두고 일정한 틀 속에서 맥을 이어온 전통문학이므로 우리 민족의 흥겨운 몸짓이며 모음(母音)이 되는 것이다. 요즘 지상에 게재되는 작품을 보면 이런 전통을 무시한 채 시(詩)를 음수만 맞추어 시조라고 내

놓는 글들이 많이 보인다. 다시 말해 시조의 정형성(定型性)이 무엇인지 제대로 이해하지 못하고 음수에만 집착하여 쓴 작품이 많다는 얘기다.

　시조의 매력은 구속받는 형식 속에서 표현의 자유를 맘대로 하는 데 있다. 그런데 이 형식은 외적 형식만을 말하는 것은 아니다. 내적인 문장 구성과 연결성, 완결성과 더불어 화자의 결의와 같은 문장으로 종장을 끝내야 한다. 이러한 종장 처리의 특징적 매력은 세계 어느 나라 시에서도 찾아보기 힘든 시작(時作)의 구성법이다.

　시조는 정형시인가? 작가들은 대부분 글자(음절수)를 가지고 정형이냐 아니냐를 가름하려 들지만, 이 정형성은 3장 6구 12소절이라는 불변의 법칙을 말하는 것이다. 글자의 한두 자 가감이 가능하다는 이야기는 이미 정형이 아니라는 이야기이다. 그러나 3장 6구 12소절이라는 형식은 절대불변의 법칙이므로 시조를 정형시(定型詩)라고 부르는 것이다. 이런 측면을 고려하면 세계화는 가능해진다. 음수는 시조의 정형을 판가름하는 지렛대가 될 수 없다. 우리 언어의 몇 가지 특징은 주어를 빼고 말할 수 있고, 생략이 많으며 조사나 어미가 많고 문장 성분의 순서가 비교적 자유롭다. 따라서 아름다운 시조 창작을 위해서는 음수의 한두 자 가감이 자연스럽게 생겨난다. 그러므로 음수(음절)만 가지고 정형이냐 아니냐를 따지는 것은 무의미하다. 다만 음수는 소절의 글자 수를 제한하는 방식으로 하여 운율이 생겨나도록 하는 도구로 쓰는 것에 지나지 않는다.

   이러한 기초적인 개념을 기준으로 작품 몇 편을 골라 감상해 보기로 한다.

2. 작품 감상

> 가난이 진을 치던 힘겨웠던 고갯마루
> 눈물도 서로 닦아 함께 울고 다독였지
> 캄캄한 그믐밤에도 뜨거웁게 달이 떴네.
>
> 「달동네」전문

   초장의 표현은 예사롭지 않다. 현대시조의 매력은 바로 이런 데 있다고 본다. '가난했던 시절'은 일상적 시민의 언어인 데 반하여 '가난이 진을 치던 시절'은 시인의 언어이다.

   공장에서 그믐밤에도 달이 떴는데 그냥 뜬 것이 아니라 뜨겁게 떴다고 했다. 이와 같은 표현은 간절한 소망에서 오는 상상력을 동원했기 때문이다. 상상력은 시인이 갖고 있는 메타인지의 한 부분이다. 당시의 세대들은 이 글을 접하는 순간 공감대의 영역이 확장될 것임이 틀림없다. 그 세대들은 '보릿고개'라는 말을 모르는 사람이 없을 것이다. 얼마나 가난에 시달리고 배가 고팠으면 이런 말이 생겨났을까? 이 말은 논리적으로 맞는 말이 아니다. 그렇지만 무슨 뜻인지는 누구나 알고 있다. 이미 기호화된 말이기 때문일 것이다.
  이 작품의 초장과 중장의 전개 과정은 순차적 전개법을 활용하여 종장을 마무리 짓고 있다.
  문학으로서의 시조는 감성과 상상력이 독특하게 혼합된 형태의 정형시이다.

> 풀포기 하나 없는 비탈진 벼랑길로
> 가쁜 숨 몰아쉬며 달려오는 눈빛 하나
> 억장을
> 되짚고 온다
> 바람 속의 어머니
>
> 「녹두꽃」

  이 작품은 보조관념만으로 짜인 작품이다. 초장은 험난한 삶의 굴곡으로 나타난 현실적 어려움을, 중장은 쉴 틈 없이 숨 가쁘게 살아가는 여인의 희망을, 종장은 슬픔이나 고통이 지나쳐 매우 절망적인 상태에서도 가난을 벗어날 방도와 자식을 잘 키워낼 방안을 곰곰이 생각하시던 어머니를 '녹두꽃'이라는 사물에 빗대어 쓴 작품이다.
  녹두는 콩과에 속하는 작은 곡식이지만 '녹두' 또는 '녹두꽃'의 이미지는 동학혁명을 일으킨 전봉준과 핍박받던 백성의 아픔을 떠오르게 한다. 화자는 '녹두꽃'이라는 보조관념을 도입하여 어머니의 고달픔 삶을 이미지화하고 있다. 우리네 어머니들은 작은 체구에도 삶의 현장에서는 억척스럽고 끈질기며 자식에 대한 무한한 사랑을 지니고 사시는 분들이셨다. 어머니들은 눈물을 승화시켜 꽃을 피워내는 신비의 손이다.

>하늘이 무너지고 땅덩이가 솟구쳐도
>마음을 괴어주는 마음 하나 있다면야
>세상은 절망을 넘어 빛을 안고 눈뜨리
>「지팡이」 전문

이 작품은 매우 희망적인 작품이다. 지팡이에 삶을 맡긴 사람들은 하늘이 무너지고 땅이 솟구치는 절망 속에서도 그 절망을 넘어 희망을 갖는다는 화자의 깊은 애정이 서려 있는 작품이다. 중장 전구의 '마음'은 사람의 마음이고 후구의 '마음'은 지팡이의 마음이다.

그러나 화자는 단순히 지팡이를 말하는 것이 아니라 인간관계에서의 마음을, 서로 배려하고 아껴주는 사람 냄새나는 세상을 말하고 있다. 이런 세상이 도래한다면 인간은 어떤 절망 속에서도 한 가닥 빛을 발견할 수 있다는 메시지를 던져주는 작품이다.

>역사의 굴레 속에 산화하신 귀한 목숨
>강인한 민족정신 우러르고 받들어서
>가신 임 침묵을 깨고 터를 다져 오소서
>「만해」 전문

시인이면 만해 한용운을 모르는 이는 없을 것이다. "오등(吾等)은 자(玆)에 아(我) 조선(朝鮮)의 독립국(獨立國)임과 조선인(朝鮮人)의 자주민(自主民)임을 선언(宣言)하노라"로 시작되는 독립선언서는 만해를 떠나 말하기 어려울 정도라 해도 지나친 말은 아닐 것이다. 만해는 출가하여 불심을 닦는 승려(佛僧)이지만 숭고한 철학을 지닌 사상가이며, 독립투사이며 시인이다. 그의 노래는 오직 백정과 조국에 대한 애정만으로 짜인 작품이 대부분이다.

그분이 사시던 성북동 심우장은 대문이 북쪽을 향해 있는데 이는 조선총독부가 있는 곳이 보기 싫어서 북으로 대문을 냈다는 일화는 우리의 가슴을 뭉클하게 만든다.

시인이 말한 대로 만해 한용운은 왜정이라는 역사의 굴레 속에서 한 생을 보내셨다.

시인은 왜 일세기가 다 되어가는 이 시점에서 "터를 다져 오소서'하며 간절히 기도하고 있는가? 화자의 마음이 엿보이는 대목이다. 요즘 우리는 어떤 세상을 살고 있는가? 남북으로 갈라진 지 70여 성상이 되도록 아직도 갈등과 협박, 시기, 질투, 음해가 난무하는 공기를 마시며 살아가고 있어서일까. 나라를 이끌 참 지도자가 보이지 않으니 다시 오셔서 금이 간 이 땅의 터를 다져 달라는 간절한 부탁이 아닐까. 작품 속에 뼈가 있어서 읽으면 읽을수록 맛이 나는 작품이다.

    가슴을 옥죄이고 몸과 맘 다 바쳐서
    차디찬 소망터에 혼을 던진 어머님이

    간절한 바람이 되어 뜨거웁게 앉았네
                                    「정화수」전문

 이 작품도 <낯설게 하기>가 잘된 작품 중 하나이다. '어머니가 바람이 된다.'는 표현은 정말 낯설게 다가온다. 어머니는 자식을 위해서라면 비록 죽어서라도 빌고 계실 것이 확실하다.
 정화수는 어머니의 마음이다. 어머니의 간절한 소망이 뜨겁다는 상상력은 매우 훌륭하며 시적인 맛을 더해주고 있다. 어머니는 죽더라도 아무렇게나 죽지 않는 분이다. '소망 터에 혼을 던진다.'라는 표현도 매우 인상적이다.
 현대시조는 이처럼 화자의 감정과 상상력이 독특한 방식으로 결합되어 나타날 때 독자들은 환호하게 될 것이다. 독자들은 이미 기호화된 말에는 싫증이 나 있기 때문에 더 이상 어떤 매력도 느끼지 못하는 것 같다.

    민족애 불타오른 뜨거운 가슴 가슴
    나라를 끌어 안고 숭고하게 흘린 피를
    이제사 고개 숙인 채 임의 길에 눈물 짓네.
                                    「학도병」전문

 학도병에는 두 종류가 있다. 하나는 일제강점기 일본군에 의해 강제 징집된 식민지의 학도병이고, 또 하나는 6.25 학도병이다. 북한의 기습남침으로 풍전등화의 위기에 처한 나라를 구하기 위해 학업을 중단하고 자발적으로 군인

이 된 학도의용대가 있다.

  본문의 내용으로 보아 후자를 말하는 것 같다. 그 새파란 나이에 오직 나라를 사랑하는 열정 하나로 총알이 빗발치는 전쟁터로 나간 그분들의 용기가 없었다면 이 나라의 운명을 어떻게 되었을까? 정말 가슴이 먹먹해진다.

  중장에서 '나라를 끌어안고'와 같은 표현도 매우 훌륭하다. '나라의 부름 받고' 또는 '나라를 위해'라 하지 않고 '나라를 끌어안는다.'라고 한 표현이 인상적이다.

  같은 의미지만 글자 한두 자의 변형을 통하여 이처럼 아름답고 신선한 이미지를 독자에게 선사할 수 있다.

> 마음을 가다듬고 대웅전에 들어선다.
> 감은 듯 눈을 뜨니 내 안에서 소리친다.
> 마음은
> 어디에 두고
> 몸뚱이만 왔느냐.
>
>   「법도량」 전문

  이 작품도 상상력이 동원된 작품이다. 종장은 화자의 독백이다. 우리의 생각은 잠시도 가만히 있기를 거부한다. 즉 잡념으로 꽉 차 있다. 그러니 부처님 앞에서 절을 해도 마음은 속세를 거닐고 쓸모없는 몸뚱이만 절을 하고 있기 십상이다.

  지금 화자는 단순히 대웅전 안에서 벌어진 현상만을 얘기하는 것이 아니라 세상 밖에 있든 세상 안에 있든 정성을

다하고 마음을 다하라는 외침이다. 겉보기에 화려하다고 속까지 빛나진 않는다. 민생을 외치는 이는 사익을 위한 겉포장일 뿐이다.

> 무심한 바람 끝을 부여잡고 애원하며
> 힘없이 끌려가던 너의 눈을 마주했네
> 운명을 알아차렸나, 절규하던 그 눈빛
>
> 처절한 목숨줄을 사정없이 끌어당겨
> 눈 뜨고 외면하던 비정한 가슴 칼날
> 저승길 마다할 줄을 짐승인들 모를까
>
> 겁 없는 사람 앞에 겁을 먹은 너의 눈빛
> 부릅뜬 힘 줄 속에 튕겨 나온 눈 화살이
> 여태껏
> 가슴에 꽂혀
> 굵은 눈물 흘리네
> 　　　　　　　　　「마지막 눈빛 -황소」 전문

　도살장으로 실려 가는 소를 보며 마치 그림 그리듯 묘사하였다.
　첫수 초장 '무심한 바람 끝을 부여잡고 애원하며'와 같은 표현은 신선한 느낌을 준다. '바람끝을 부여잡다.'는 무슨 말인가? 도살차 위에서 만나는 유일한 것은 바람뿐이다. 지금 소의 절박한 심정을 실감 나게 잘 표현하였다.
　셋째 수 '눈 화살이 가슴에 꽂힌다.'라는 표현도 기발한

발상이다. 우리말에 '눈총을 맞는다.'라는 말이 있는데 총 중에 가장 무서운 총이 눈총일 것이다. 지금 도살장으로 끌려가는 소가 원망으로 쏘아보는 그 큰 눈에서는 무수한 눈화살이 튕겨 나올 것이다. 우리는 가끔 TV 같은 매체를 통하여 구제역 발생 시 생매장되는 돼지나 소를 본 기억이 있다. 사지(死地)에서 벗어나려 아우성치는 아수라장을 보며 인간의 잔인성에 새삼 놀라기도 한다. 처절한 울음소리는 고막을 찢고 들어가 뇌리에 깊이깊이 각인되어 영원히 지워지지 않는 흔적으로 남을 것이다.

혜담 선생은 이 작품을 통하여 "인간애"를 부르짖고 있다. 아마 시인의 이 따뜻하고 인간적인 사랑은 길가에 풀 한 포기도 소홀히 하지 않을 것 같은 그 마음이 반짝반짝 빛나고 있다.

  궂은날 저려오는 마디마디 관절 속에
  치욕의 숨은 역사 곰삭은 줄 알았더니
  아직도 숨을 고르는 삼팔선의 통분이다.

  비바람 몰아치고 눈비 한데 엉겨와도
  땅 위에 그은 선이 사선으로 뚜렷하고
  물줄기 흐르는 곳엔 철책선도 없었다네.

  투명한 물길 속에 얼비치는 맑은 하늘
  그 어디 살펴봐도 흔적 없는 철책선은
  우리네 가슴 속에만 원한처럼 꽂혀 있네.

              「한반도 폭포」 전문

첫수부터 시적 흐름이 물이 흐르듯 자연스럽다. 첫 수 중장과 종장 '치욕의 숨은 역사 곰삭은 줄 알았더니/아직도 숨을 고르는 삼팔선의 통분이다.//'를 보자. 6.25의 비극은 삭을 수 없는 역사이다. 이념이라는 커다란 벽 앞에서 핏줄은 강제된 이별 속에서 살아야 한다. 그래서 삼팔선은 통곡하고 있다고 읊조린다. 이념이란 괴물은 도대체 무엇이기에 만물의 영장이라는 인간이 그 앞에 무릎을 꿇고 치욕스러운 역사를 써야 하는가?

셋째 수에서 화자는 무력한 우리를 잘 표현하고 있다. 짐승들도 바람도 물도 자유롭게 드나드는 철책선을 왜 우리는 허물지 못하고 가슴 속에 꽂고 살아야 하느냐며 그 책임은 오로지 우리 스스로 져야 한다는 메시지를 강하게 전달한다.

> 수평선 바라보며 다짐하던 그 옛날이
> 파도에 휩쓸려서 흔적조차 희미해도
> 그리움
> 높새로 살아
> 바위 끝에 앉았네.
>
> 「사랑바위」

첫사랑은 아픔이던가? 누구나 한 번쯤 경험해보았을 것이다. 영원을 다짐하던 그 순정은 어느새 그리움으로 남는다. 화자가 말하는 '사랑바위' 역시 바닷가에 있는 갯바위라 여겨진다.

파도에 쓸려간 사랑일지언정 지금은 높새로 앉아 바위 끝에 앉아 있다. 높새바람은 바닷가에 사는 사람들이 주로 사용했던 북동풍의 바람으로 메마른 바람이다.

왜 하필 높새바람일까 하는 생각을 하다가 헤어진 사랑이니 거칠고 메마른 바람이어야 한다는 결론을 얻었다. 바람의 종류는 100개에 가깝다. 그중에서 사랑과 이별과 아픔을 나타낼 수 있는 가장 적합한 바람은 높새바람이다. 화자는 '가슴이 아프다.' 또는 '첫사랑이 그립다'라는 자신의 심정을 높새바람으로 환치시켜 그 바위를 바라보고 있다.

메타인지가 뛰어난 사람일수록 시적 감성이 뛰어나다는 말이 있는데 아마 혜담 시인 같은 분을 두고 하는 말 같다.

봄바람 꽃샘추위 떨면서 맞이하네
아련한 젊은 날은 설렘마저 떠나가고
세월도
가는귀처럼
무디게만 오너라
「가는귀」

'가는 귀'는 작은 소리까지 듣는 귀 또는 그런 귀의 능력을 일컫는 말이지만 우리는 종종 '가는귀가 먹는다.', '가는 귀가 어둡다.'처럼 사용한다.

이 작품은 희언법 작품이기도 하다 '가는 귀'는 점점 안 들리는 귀라는, 즉 청력이 점점 떨어지는 귀라는 의미에서 '가는 귀'처럼 읽힐 수도 있다. 그러니 세월아 빨리 오지 말고 천천히 오라는 의미이다.

세월은 쏜 화살이라는 속담처럼 우리의 한 생애는 순식간에 지나간다. 이 짧은 시간 속에서 더 많이 가지려 하고 더 높이 오르려 하고 더 잘난 체하고 아웅다웅 살아간다. 하루살이의 삶이나 우리의 삶이나 모두 한순간이요 찰나에 지나지 않는다.

그래서 화자는 무디게 오라고 말하고 있다.

그러나 다른 측면에서 보면 역설적이다. '가는 귀'를 '천천히 가라'고 하지 않고 '천천히 오라'고 한다. 그 의미를 잘 되새겨보면 가는 세월이야 가든 말든 오는 세월만큼은 천천히 오면 된다. 오는 세월이 천천히 오면 떠밀려갈 이유가 없지 않은가.

아주 재밌는 작품이다.

> 하늘이 높다 한들 마음 안에 내려앉고
> 바다가 깊다 한들 가슴속에 품었으니
> 크나큰
> 세상만사가
> 내 안에서 눈을 뜨네
>
> 「가부좌」

이 작품은 매우 철학적이다. 물론 가부좌라는 말이 참선을 할 때 사용하는 용어이기는 하지만 사실 세상만사는 모두 내 안에 존재한다. 불가에서 말하는 "일체유심조(一切唯心造)"는 〈화엄경〉의 핵심사상을 이루는 말로 "모든 것은 오직 마음이 지어낸다"는 의미와 상통한다.

  한 치도 안 되는 마음속에 온 우주를 품는 신비가 있음은 누구나 아는 사실이나 실천하지 못하고 살아갈 뿐이다.

  종장에서 '내 안에서 눈을 뜨네.'라고 하는 것은 이미 화자는 이 경지에 올랐다는 의미가 아닐까?

  이 짧은 글을 통하여 화자는 우주를 담아내고 있다. 시조를 짓는 멋과 맛이 이런 게 아닐까 하는 생각을 해본다.

> 뜨락은 고요하고 하늘 땅 말이 없다.
> 눈물로 뒤따르는 머나먼 꽃길에는
> 무너진 억장 한 다발 지천으로 피었다.
> 　　　　　　　　　　　　　　「어머니 가신 길」

  화자는 '뜨락'이라는 시어를 도입했을까? 뜨락은 어머니의 정원이다. 어머니가 늘 찾으시던 작은 공간이다. 그래서 어머니가 가신 뜨락은 고요할 수밖에 없다.

  종장의 표현법이 매우 뛰어나다. "무너진 억장 한 다발 지천으로 피었다."고 한다.

  억장은 무너지는 것이지만 중장 후구에서 어머니가 가시는 꽃길이니 억장도 꽃이 되어야 한다. 아주 시적인 맛이 나는 표현이다. 화자의 무너지는 가슴을 꽃다발로 만들어 어머니가 가시는 길에 바치고 있는 모습이니 그 효심이 눈에 선하다.

  다만 마음에 걸리는 부분은 '한 다발이 지천으로 피었

다.'라는 표현이다. 지천으로 피려면 한 다발이 아니라 수천수만의 다발이 피어야 한다. '무너진 억장의 꽃이 지천으로 피었다.'처럼 하는 것도 하나의 방편이 되리라 본다. 여하튼 좋은 작품이다.

3. 나가며

　지금까지 시인의 작품 중에서 몇 편을 골라 감상해 보았다. 지난번 작품집 『시루』에서 보인 기량과는 월등히 달라진 모습을 보이고 있어 아주 흐뭇하였다.
　정형의 틀을 완벽하게 고수하고 있어 절제미(節制美)와 균제미(均齊美)가 돋보일 뿐만 아니라 여러 수사법을 동원한 그 표현은 정말 훌륭하고 아름답다.
　특히 <낯설게 하기>의 기법이 매우 인상적이었다. 한두 군데 어색한 비유가 없는 것은 아니나 전반적으로 표현법이 신선하다. 화자 나름대로 이러한 노력을 기울여 생산한 작품은 반드시 독자들의 공감을 얻는 결과를 가져오게 될 것이다.
　이러한 시조 작법(作法)은 시조를 멋있게, 맛깔나게 만든다. 일반적으로 시조를 맛깔나게 쓰려면 감성에 상상력을 더해야 한다, 상재된 작품 모두가 철저하게 시인의 언어를 사용하려고 노력한 흔적이 엿보인다.

앞으로도 더욱 연구하고 개발하여 명실공히 시조다운 시조를 널리 보급하는 데 앞장서 주시기를 당부드린다.

대숲에 부는 바람

1판 1쇄 발행　2023년 1월 31일

지은이 | 신 계 전
펴낸곳 | 열린출판
등록 | 제 307-2019-14호
주소 | 서울특별시 서대문구 통일로 48길 13, 201호
전화 | 02-6953-0442
팩스 | 02-6455-5795
전자우편 | open2019@daum.net
디자인 | SEED디자인
인쇄 | 삼양프로세스

ⓒ 신계전, 2023
ISBN 979-11-91201-38-3　03810

*책값은 뒤표지에 표시되어 있습니다.
*저자와 협의하여 인지를 생략합니다.